Dieses VisionBook widme ich mir,

...................................,
(Name)

und meinen Träumen.

Beklebe mich mit einem
Bild von dir.

Idee, Konzept, Redaktion, Text, Design, Grafik, Satz: Esther Verhouc
Herausgeber: LebensGut-Verlag, www.lebensgut-verlag.de • www.das-tor-ins-leben.de
Lektorat: Jennifer Trautmann
Druck: Best Preis Printing ug. & Co KG

Bildnachweise

Kaffeefleck ©robynmac, www.123RF.com, Perle ©toli, www.123RF.com, Rosen ©katrinshine, www.123 RF.com, Phoenix
www.123 RF.com, Spiegel ©creativo, www.123 RF.com, Papier ©britishpics, www.canstockphoto.de, Füller ©Krysztof
Szkurlatowski, www.freeiamges.com, Parfüm ©Mira Pavlakovic, www.freeimages.com, Black floral ornament ©Kjpargeter,
Selected by www.freepik.com, Boho patterns by eyegabby ©Vecteezy.com, Brown Yellow Floral by webdesignhot©webde-
signhot, www.vectoropenstock.com, classic-swirling-floral-with-halftone-curves by Flower Vector ©www.vectoro-
penstock.com, Floral Ornaments background ©Designed by Freepik.com, Geometric abstract patterns ©Designed by
Freepik.com, Geometric-christmas-pattern-in-watercolor-style ©Designed by Freepik.com, Lacy invitation ©Designed
by Freepik.com, Retro invitation in ornamental style ©Designed by Freepik.com, Retro stamps set ©Designed by Freepik.
com, Scrapbooking envelope ©Designed by Freepik.com, Set of vintage labels ©Designed by Freepik.com, Yoga banners
with mandala ©Designed by Freepik.com, Retro floral pattern ©vector tree, Glückskeks ©www.fotolia.com, Labyrinth
©pixabay.com, Hand mit Tattoo ©Linda Mey, Berlin

Henna Art: © Linda Mey, Berlin
Umschläge: Handmade by Gabriella (Peter_Irmel, dawanda)

Liebe Leserin,

es ist mir eine Freude, dir dieses Buch an die Hand geben zu dürfen.
Ich möchte dir damit all das zum Geschenk machen, was mir selbst
auf meiner Visionssuche geholfen hat.

Das VisionBook möge dir Mut und Freude bringen. Es kann dir dienen,
deine Lebenssituation anzusehen und von dort aus neu zu definieren,
welche Zukunft du erleben möchtest. Diffuse oder kreisende Gedanken
bekommen eine Form, Ideen ein Gesicht. Je konkreter du weißt,
was du wirklich willst, warum du es willst und ob es wirklich deine eigenen
Wünsche sind, desto zügiger kann es in deinem Leben in Erscheinung
treten. Ein klarer Indikator dafür, ob dein Wunsch im Einklang mit
deiner Seele ist, spürst du an dem untrüglichen Gefühl von FREUDE.

Hab Vertrauen in deinen Weg und die Art, wie sich dein Leben
entfaltet. Ich wünsche dir viel Freude beim Manifestieren und
Erleben deiner Visionen.

Herzlichst,

Aurora Appletree

Danke

.... an alle Menschen, die auf ihre Weise dazu beigetragen haben, dass dieses Buch in die Welt kommen konnte. Danke an meine Familie und Freunde, die mir immer die Freiheit und den Rückhalt gaben, meine Visionen zu entwickeln und zu leben. Jennifer Trautmann danke ich sehr für das hervorragende Lektorat und ihre Geduld mit mir. Gabriella möchte ich für die liebevoll handgefertigten Umschläge danken. Von Herzen danken möchte ich Karin Seidel. Sie hat nicht nur wesentlich zur Realisierung dieses Buches beigetragen, sondern steht vor allem als Mensch und wunderbare Freundin an meiner Seite. Mein ganz besonderer Dank gilt Grit Scholz vom LebensGut-Verlag. Sie hat sofort an dieses Buch geglaubt. Dank ihrer Erfahrung und ihrer herzoffenen Art ist aus dem Stand ein wundervolles, gemeinsames Projekt geworden.

*„Manchmal muss man sehr weit von sich weggehen,
um zu sich zu kommen." (Aurora Appletree)*

Inhalt

Mein *Liebesglück*

Affirmationen für den Tag:

Ich bin offen für eine glückliche Partnerschaft.

Danke für den liebevollen Partner an meiner Seite.

Ich habe den Mut, zu lieben.

Beklebe mich mit einem Bild oder Foto, das für dich dein Liebesglück repräsentiert.

Liebesbrief

Liebesnachricht der Seele

Schreibe deine innersten Wünsche zum Thema Liebe und Partnerschaft auf den Zettel. Aus Gedanken werden Worte. Aus Worten werden Taten. Aus Taten wird Realität.

Das einzig Wichtige im Leben sind die Spuren der Liebe, die wir hinterlassen, wenn wir gehen.

(Albert Schweitzer)

Male das Mandala aus und meditiere dabei über folgende Fragen:

- Was verstehe ich unter Liebe?
- Wo in meinem Leben erfahre ich bereits Liebe?
- Kann ich bedingungslos lieben?
- Wer bin ich mit und wer ohne einen Partner?

Aus dem Schatzkästchen der Liebe

Ho'oponopono

Wann immer du dich unverstanden, traurig, verletzt, wütend oder einsam fühlst, sprich diese Worte lievevoll zu dir selbst. Es ist ein kraftvolles hawaiianisches Heilgebet und wird dir Ruhe, Mut und Zuversicht schenken.

Ich und ich

Stelle drei Stühle nebeneinander auf. Setze dich auf den mittleren Stuhl. Dieser repräsentiert dich im Hier und Jetzt. Formuliere einen Satz in Bezug auf deinen Partnerwunsch wie: „Ich führe eine erfüllte Partnerschaft." Setze dich nun auf den Stuhl zu deiner Linken. Dies ist der Stuhl deines inneren Kritikers. Werde still und höre, was er dir zu sagen hat. Dann setze dich auf den Stuhl rechts der Mitte. Dies ist der Stuhl deines inneren Visionärs. Verfahre hier ebenso. Nimm dir Zeit und du wirst ein klares Bild deiner Überzeugungen erhalten. Entscheide, wie du über Liebe und Partnerschaft denken möchtest und lebe danach. Schreibe deinen Leitsatz hier hinein:

Von Reichtum, Erfolg und Liebe

Es war eines Tages im Frühling, als eine Frau vor ihrem Haus drei alte Männer stehen sah. Sie hatten lange weiße Bärte und sahen aus, als wären sie schon weit herumgekommen. Obwohl sie die Männer nicht kannte, folgte sie ihrem Impuls, sie zu fragen, ob sie vielleicht hungrig seien und mit hereinkommen wollten.

Da antwortete der eine von ihnen: „Sie sind sehr freundlich, aber es kann nur einer von uns mit Ihnen gehen. Sein Name ist Reichtum." Er deutete dabei auf den Alten, der rechts von ihm stand. Dann wies er auf den, der links von ihm stand und sagte: „Sein Name ist Erfolg. Und mein Name ist Liebe. Ihr müsst euch überlegen, wen von uns Ihr ins Haus bitten wollt."

Die Frau ging ins Haus zurück und erzählte ihrem Mann, was sie gerade draußen erlebt hatte. Ihr Mann war hoch erfreut und sagte: „Toll, lass uns doch Reichtum einladen."

Seine Frau aber widersprach: „Nein, ich denke, wir sollten lieber Erfolg einladen."

Die Tochter aber sagte: „Wäre es nicht schöner, wir würden Liebe einladen?"

„Sie hat recht", sagte der Mann. „Geh raus und lade Liebe als unseren Gast ein". Und auch die Frau nickte und ging zu den Männern.

Draußen sprach sie: „Wer von euch ist Liebe? Bitte kommen Sie herein und seien Sie unser Gast."

Liebe machte sich auf und die beiden anderen folgten ihm.

Überrascht fragte die Frau Reichtum und Erfolg: „Ich habe nur Liebe eingeladen. Warum wollt Ihr nun auch mitkommen?"

Die alten Männer antworteten im Chor: „Wenn Sie Reichtum oder Erfolg eingeladen hätten, wären die beiden anderen draußen geblieben. Da Sie aber Liebe eingeladen haben, gehen die anderen dorthin, wohin die Liebe geht."

(Verfasser unbekannt)

Ich (k)leb mein Leben ...

... wie es mir gefällt!

Diese Seiten sind ganz für dich.
Beklebe, bemale, beschrifte sie mit allem, was die Vision
von deinem persönlichen Liebesglück ausdrückt und stärkt.

Gehe in die Stille und frage dich bei jedem Wunsch nach Veränderung:
Ist es wirklich MEIN INNERSTER HERZENSWUNSCH?
Oder ist dieser Wunsch geprägt von der Hoffnung, dass ich mehr geliebt
und akzeptiert werde, wenn ich die Erwartungen und Konzepte
der Eltern, Lehrer, Freunde, der Gesellschaft erfülle?
Wünsche und Visionen sind mächtige Triebfedern. Die Vision selbst wird
dich allerdings nicht glücklich machen, wenn du darüber vergisst, dass
das Leben immer im Hier und Jetzt stattfindet. Bleibe daher stets im
gegenwärtigen Augenblick, mit allem was ist. Mit allen Gedanken und
Gefühlen, auch den unangenehmen. Dann kann deine Vision für
dein Leben ein Feuerwerk an Freiheit, Freude und Liebe sein.

Eine Innenreise

Schließe die Augen und nimm dir einen Moment Zeit, um bei dir anzukommen. Nimm deinen Atem wahr, wie er in sanften Wellen in dich hinein- und wieder ausströmt. Mit jedem Ausatmen sinkst du ein bisschen tiefer in dich hinein. Spüre, wie das Gewicht deines Körpers die Unterlage berührt, auf der du liegst. Vielleicht kommen Gedanken oder Bilder von dem, was heute war oder was alles noch zu tun ist. Lass sie kommen und vorbeiziehen wie Wolken am Himmel, ohne etwas daran ändern zu wollen.

Lege nun deine Hände auf deinen Bauch und nimm wahr, wie sich dieser anfühlt. Nur hinspüren, ob sich allein durch das Lenken der Aufmerksamkeit dorthin etwas verändert. Klopfe mit den Fingerkuppen sanft auf deine Bauchdecke. So entspannt sich der Bauchraum. Nimm dir ausreichend Zeit dafür und spüre die Sanftheit und Verletzlichkeit dieser Region.

Beginne nun deine Reise zu dir selbst. Stelle dir dazu vor deinem inneren Auge eine wunderschöne Landschaft vor. Grün und weitläufig, die Sonne lacht. Vor dir siehst einen Weg, der sich durch die Landschaft schlängelt. Geh den Weg entlang und schau dich ein bisschen um. Er führt dich einen sanften Hügel hinauf. Wenn du oben angekommst, siehst du ganz in der Nähe ein Schlösschen. Richtig verwunschen sieht es aus! Dein Herz klopft ein bisschen, denn du bist neugierig, was es damit auf sich hat. Zügig läufst du den Weg hinunter bis zu diesem Schlösschen und stehst vor dessen Tor. Groß ist die Tür und schwer. Wie sie wohl aufgehen mag? Da entdeckst du zu deiner Überraschung, dass der Schlüssel an einer goldenen Kette um deinen Hals hängt. Du nimmst den Schlüssel, steckst ihn ins Schloss und langsam öffnet sich die Türe.

Mit nur einem Schritt stehst du in einem prachtvollen Saal. Die goldene Kuppel ist in der Mitte geöffnet und du siehst ein strahlendes Licht, das von oben in den Saal fällt. Staunend nimmst du alles wahr. Du gehst tiefer in den Raum und langsam erkennst du Details. In der Mitte des Raumes befindet sich eine kleine Säule. Auf ihr steht ein funkelnder Kristall. Das Licht, das durch die Decke auf den Kristall fällt, wird durch diesen in alle Richtungen reflektiert. Während du das zauberhafte Schauspiel bestaunst, erkennst du, dass die Wände des Saales mit unzähligen Spiegeln bestückt sind. Groß sind die Spiegel, prächtig und schön. Sie reichen von der Decke bis zum Boden. Du trittst näher heran. Zu deinem Erstaunen stellst du fest, dass du dich zwar in jedem Spiegel siehst, aber dass du

in jedem Spiegel anders aussiehst. In einem bist du eine Frau, die fröhlich ist und tanzt, im anderen liegst du traurig auf dem Bett und weinst. In wieder einem anderen erfreust du dich deiner natürlichen Nacktheit, während du in einem weiteren streng gekleidet und distanziert wirkst. Du gehst von Spiegel zu Spiegel. Eben hast du noch wutentbrannt Gegenstände um dich geworfen, während du dort gerade einen albernen Witz reißt. „Das alles soll ICH sein?" fragst du dich.

Ja, das alles bist du! Du hast Gelegenheit zu sehen, aus wie vielen Facetten du bestehst und dass all das zu dir gehört. Jede einzelne Version ist ein unersetzlicher Teil von dir, der dich ausmacht. Die dunklen wie die hellen Teile, die fröhlichen wie die traurigen. In diesem neuen Wissen wendest du dich dem Kristall in der Mitte zu. Vorsichtig berührst du ihn mit den Fingerspitzen. Im gleichen Augenblick durchflutet sein strahlendes Licht deinen gesamten Körper von unten bis oben. Es schießt über deinen Scheitel hinaus und bringt all deine Facetten zum Leuchten! Spüre, sieh hin, nimm alles wahr und nimm alles an! Hier und heute kannst du dir selbst ein Stückchen nähergekommen. Du kannst das Juwel des Frauseins wiederentdecken und annehmen, was dir möglich ist.
Dieser Juwel bringt dich zurück in deine Weiblichkeit und hilft dir, all das wieder auszuleben, was immer schon in dir war: Eigenliebe, Selbstvertrauen, Inspiration, Wünsche, Kraft und Mut, in sich ruhende, nährende, empfängliche Weiblichkeit. In diesem Moment bist du im Einklang mit dir selbst und deinem Körper, der dein treuer Gefährte ist.

Nach einer Weile löst du dich liebevoll und verabschiedest dich von diesem Raum, deinem Herzraum, und schließt die Türe hinter dir. Wohl wissend, dass du jederzeit hierher zurück- kommen kannst. Du nimmst Freude, Lebendigkeit, Kraft und Kreativität mit und fliegst leicht und friedlich durch die Landschaft zum Ausgangspunkt deiner Reise zurück.

Wenn du bereit bist, atme einige Male tief ein und aus und werde dir deiner Umgebung bewusst, in deiner ganz eigenen Geschwindigkeit. Spüre noch etwas nach, dann öffne langsam die Augen und sei im Hier und Jetzt!

Tipp 1: Nimm den Text auf und führe dich mit deiner eigenen Stimme durch die Meditation.
Tipp 2: Wenn es dir Freude bereitet, lege dir zur Verstärkung während der Meditation einen Amethyst oder einen anderen Heilstein deiner Wahl auf dein Drittes Auge.

Love-List

Alle Dinge,
die ich von
Herzen gerne
mache und an
denen ich
schon als Kind
Freude hatte:

....

....

....

....

....

....

....

....

....

....

....

....

....

....

....

....

Meine
Berufung

*Die beiden wichtigsten Tage deines
Lebens sind der Tag, an dem du
geboren wurdest und der Tag, an
dem du herausfindest WARUM!
(Mark Twain)*

*Beklebe mich mit einem Bild
oder Foto, das für dich deine
Berufung repräsentiert.*

Löffel-Liste

Die Löffel-Liste ist so kostbar wie dein Leben
Auf diese Liste kommt alles, was du unbedingt
noch machen und erleben möchtest, bevor
du den Löffel abgibst. Lache, staune,
lebe und vor allem: Tu es!

Löffelliste

Klebe hier deine Löffelliste hin!

Was wäre, wenn ...

du morgen früh aufwachst und über Nacht hätte sich dein Traum-
berufswunsch erfüllt? Wie sieht dein Tagesablauf aus? Beschreibe
ihn in allen Einzelheiten.

Ich öffne meine Augen und ...

Was will ich wirklich?

Nimm dir etwas zu schreiben und mindestens eine halbe Stunde Zeit.
Stelle dir laut die Frage:

„Was will ich wirklich?"

Notiere die Antwort. Es reicht ein Wort oder ein kurzer Satz.
Wichtig: Denke nicht lange nach, sondern schreibe auf, was dir
als Erstes in den Sinn kommt. Bewerte oder verurteile die Antworten nicht, egal wie verrückt sie auch wirken mögen. Stelle dir
erneut die Frage: „Was will ich wirklich?" und notiere die
Antwort. Fahre nach diesem Prinzip fort, bis du eine halbe
Stunde kontinuierlich geschrieben hast. Wenn es dir leichter
fällt, kannst du diese Übung auch mit einer Person deines
Vertrauens machen, die dir immer wieder dieselbe Frage stellt:
„Was willst du wirklich?" Viel Freude und viel Erkenntnis!

Wer bin ich und wenn ja, wie viele?

Kennst du das? Wenn bei einem Problem viele Stimmen in deinem
Kopf gleichzeitig reden und jede etwas anderes sagt? Die eine
ist nur am Nörgeln, die andere ist enthusiastisch. Eine säuselt
sanft, während eine weitere angsteinflößend ist.
Stell dir vor, die Stimmen wären die Mitarbeiter deiner inneren
Firma. Um wieder Ruhe ins Betriebsklima zu bekommen, bitte sie
alle zu einem klärenden Gespräch an einen langen Tisch, an dessen
Ende du als Chefin sitzt. Jeder Anteil darf zu Wort kommen.
Höre dir aufmerksam an, was jeder zu sagen hat. Dann triff deine
Entscheidung! Sei darin klar und konsequent, damit du als Chefin
auch ernst genommen wirst. Gutes Gelingen!

Zentangle®

So könntest du beginnen:

Nimm einen schwarzen Fineliner und male in Ruhe jedes Feld mit einem eigenen geometrischen Muster aus. Denke dabei nicht nach, sondern lass deiner Hand freien Lauf. Erwecke dich so, schöne Göttin, zum Leben!

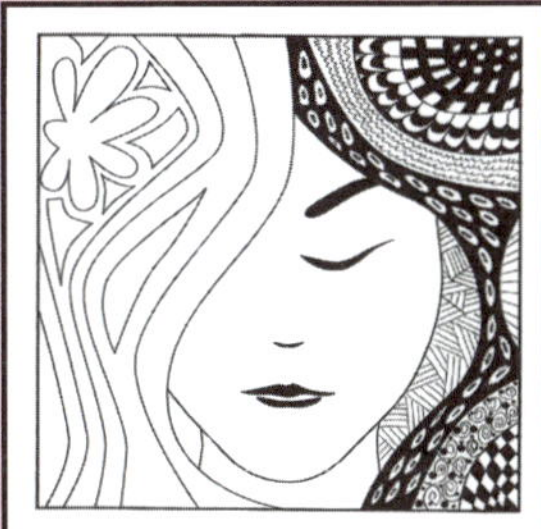

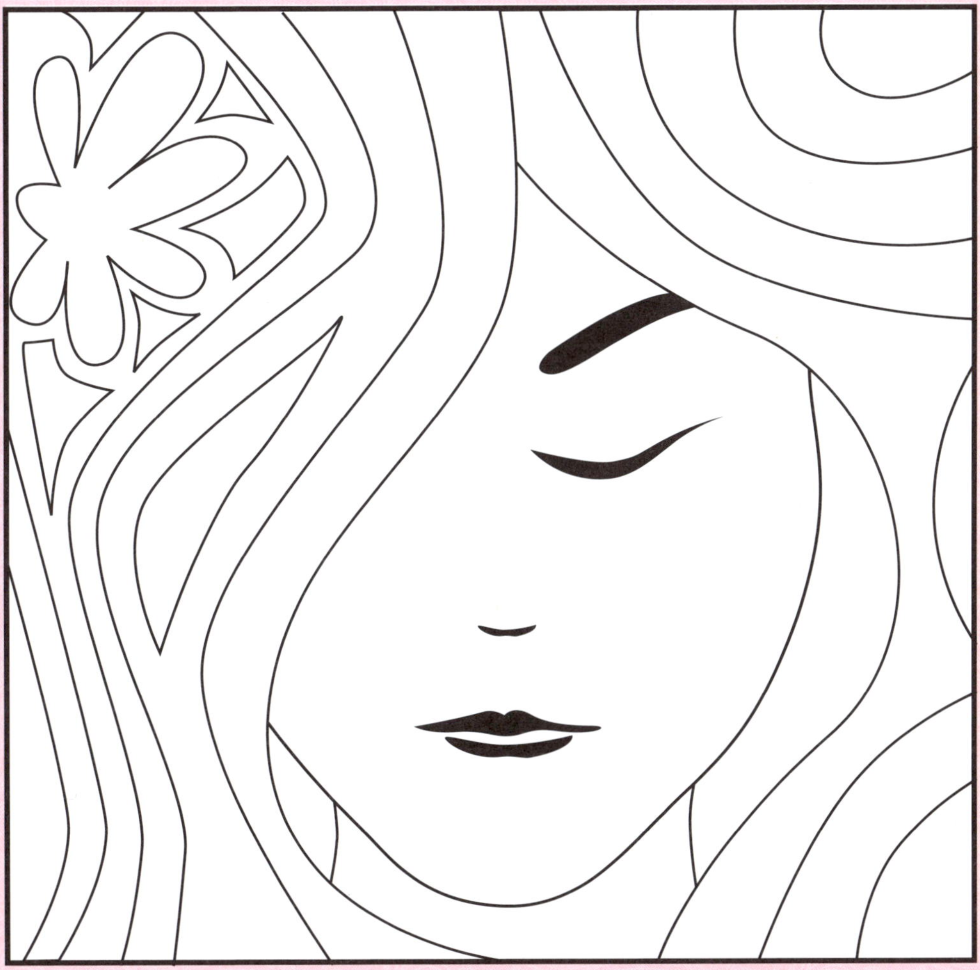

Ich (k)leb mein Leben ...

... wie es mir gefällt!

Diese Seiten sind ganz für dich.
Beklebe, bemale, beschrifte sie mit allem, was die Vision
von deiner persönlichen Berufung ausdrückt und stärkt.

Gehe in die Stille und frage dich bei jedem Wunsch nach Veränderung: Ist es wirklich MEIN INNERSTER HERZENSWUNSCH? Oder ist dieser Wunsch geprägt von der Hoffnung, dass ich mehr geliebt und akzeptiert werde, wenn ich die Erwartungen und Konzepte der Eltern, Lehrer, Freunde, der Gesellschaft erfülle? Wünsche und Visionen sind mächtige Triebfedern. Die Vision selbst wird dich allerdings nicht glücklich machen, wenn du darüber vergisst, dass das Leben immer im Hier und Jetzt stattfindet. Bleibe daher stets im gegenwärtigen Augenblick, mit allem was ist. Mit allen Gedanken und Gefühlen, auch den unangenehmen. Dann kann deine Vision für dein Leben ein Feuerwerk an Freiheit, Freude und Liebe sein.

Mein bestes Ich

Deine äußere Welt ist ein Spiegel deiner inneren Überzeugungen. Auch – und vor allem – die über dich selbst. Je ausgeprägter dein Selbstwertgefühl ist, desto leichter wirst du deine Visionen realisieren können. Denn du musst sie dir wert sein!


```
E M R G N X O S B S W I
E I G E N L I E B E S T
R L E D B K U Z Z L F C
V I L E N L I R B B S T
I Q A J E I E H W S D M
E P S E I H I M U T S E
L L S U G G R E E V L B
F X E E E Y B D A E L H
A H N G N Z U D E R J Z
L I H M A E I S B T A N
T E E R R P K M E R T R
L B I F T R U F B A G Q
M O T Z G G T E F U A E
R T V B N A P H S E K U
E A B G R E N Z U N G T
```

Lösung auf der letzten Seite

Meditationsrätsel

Suche die nachstehenden Worte in dem Gitter. Du findest sie waagerecht, senkrecht und diagonal (aufwärts und abwärts). Meditiere dabei über die Bedeutung dieser Worte in deinem Leben.

Abgrenzung
Eigenart
Eigenliebe
Freude
Gelassenheit
Herz
Mut
Seele
Selbstvertrauen
Vielfalt

Du liebes Kind!

Erinnere dich an deine Kindheit. Wurdest du geliebt, so wie du warst? Wenn nicht, sende Liebe in alle Situationen, in denen du dir damals Anerkennung und liebevolle Zuwendung gewünscht hättest. So darf dein inneres Kind heilen und du gleich mit!

Ein Rendevouz mit dir selbst

Genieße regelmäßig ein wohltuendes Duftbad
bei Kerzenschein und Musik. Mit Bodypaint-
Stiften kannst du dich dabei wunderschön
bemalen. Tue dies in achtsamer Dankbarkeit
für dich und deinen wertvollen Körper.

Ich bin einzigartig,
wundervoll und liebenswert,
weil ...

Spieglein, Spieglein ...

Betrachte für 15 Minuten dein
Spiegelbild. Wie leicht fällt dir
das? Welchen Gedanken und
Gefühlen tauchen dabei auf?

Sieben Schätze der Achtsamkeit

1. Lobe dich täglich selbst,
   auch für die kleinen Dinge.
2. Sei geduldig mit dir.
3. Gehe respektvoll und achtsam
   mit dir und deinem Körper um.
4. Schenke dir täglich ein Lächeln.
5. Verzeihe dir selbst.
6. Trenne dich von allem, das dir nicht gut tut.
7. Schlafe mit guten Gedanken ein.

Ein Zeichen!

Körblersche Zeichen für dein Wohlbefinden

Schon Ötzi wusste offenbar um die Kraft heilender Zeichen auf der Haut. Fand man doch auf seinem Körper Tätowierungen, deren Position eindeutig einen Bezug zu Akupunkturpunkten und Meridianen aufwiesen und die Experten zufolge therapeutschen Zwecken gedient haben müssen. Erich Körbler entwickelte eine faszinierende Heilmethode, die auf Zeichen basiert, die man auf den Körper oder ein Glas Wasser malt, und nannte sie Neue Homopathie.

Wenn dich diese außergewöhnliche Medizin zum Aufmalen anspricht, findest du viele wertvolle Anregungen dazu im Internet.

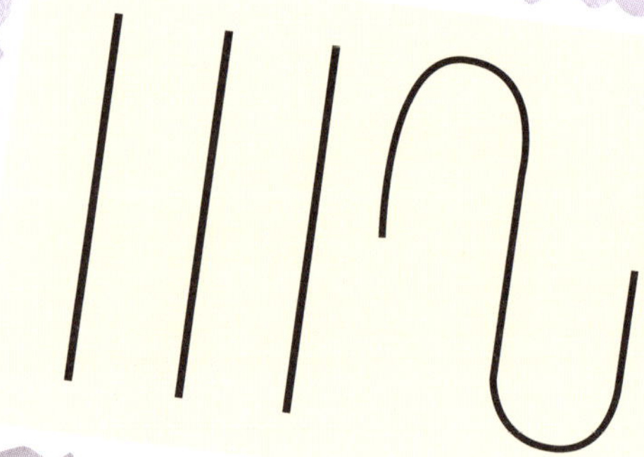

Atemlos?
Durchatmen und fallen lassen

Wie selbstverständlich atmen wir ein und aus, schenken diesem lebenspendenden Vorgang in der Regel kaum oder viel zu wenig Beachtung. Hast du schon mal deinen Atem in Gedanken verfolgt? Allein den Atemfluss zu beobachten, bringt dich in einen Zustand von Ruhe und Gelassenheit. Du kannst daraus eine wunderbare Gewohnheit machen, um dich in dich selbst hineinfallen zu lassen und neue Kraft zu schöpfen.

Ich back mir mein Glück!

Glückskekse

Du brauchst für 20 Kekse:

60 g Puderzucker (gesiebt)
1 Packung Vanillezucker
1 Prise Salz
60 g Weizenmehl (gesiebt)
3 Eiweiß (steif geschlagen)
50 g Butter (zerlassen)
20 Zettelchen (ca. 60 x 15 mm)
Ideen für deine Glücksbotschaften

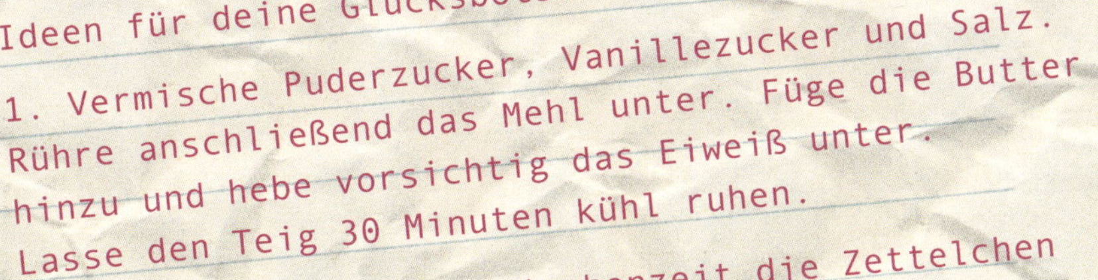

1. Vermische Puderzucker, Vanillezucker und Salz. Rühre anschließend das Mehl unter. Füge die Butter hinzu und hebe vorsichtig das Eiweiß unter. Lasse den Teig 30 Minuten kühl ruhen.

2. Beschrifte in der Zwischenzeit die Zettelchen mit deinen Glücksbotschaften. Heize nebenher den Backofen auf 180 Grad vor.

3. Lege das Backblech mit Backpapier aus. Streiche darauf den Teig in 10 cm große Kreise. Ab in den Ofen damit und 3 bis 5 Minuten backen.

4. Nimm die Kekse gleich aus dem Ofen, dann sind sie noch formbar. Lege die Zettel jeweils in die Kreismitte und falte die Kekse zusammen.

5. Lasse die Kekse abkühlen. Bei Glücksbedarf öffnen! Oder verschenke ein kleines Stück Glück. Das ist immer eine schöne Geste an Freunde und ans Leben.

Ich (k)leb mein Leben ...

... wie es mir gefällt!

Diese Seiten sind ganz für dich.
Beklebe, bemale, beschrifte sie mit allem, was die Vision
von deinem besten Ich ausdrückt und stärkt.

Gehe in die Stille und frage dich bei jedem Wunsch nach Veränderung:
Ist es wirklich MEIN INNERSTER HERZENSWUNSCH?
Oder ist dieser Wunsch geprägt von der Hoffnung, dass ich mehr geliebt
und akzeptiert werde, wenn ich die Erwartungen und Konzepte
der Eltern, Lehrer, Freunde, der Gesellschaft erfülle?
Wünsche und Visionen sind mächtige Triebfedern. Die Vision selbst wird
dich allerdings nicht glücklich machen, wenn du darüber vergisst, dass
das Leben immer im Hier und Jetzt stattfindet. Bleibe daher stets im
gegenwärtigen Augenblick, mit allem was ist. Mit allen Gedanken und
Gefühlen, auch den unangenehmen. Dann kann deine Vision für
dein Leben ein Feuerwerk an Freiheit, Freude und Liebe sein.

Von der Kunst, sich selbst zu lieben …

Anna, eine bis dahin lebhafte und erfolgreiche Frau in ihren Dreißigern, steckte mitten in einer tiefen Krise. Bereits seit Monaten musste sie hilflos zusehen, wie ihr Leben, das sie bis dahin kannte, Stück für Stück auseinanderbach. Erst die Karriere, dann die Partnerschaft und jetzt auch noch ihre Gesundheit. Keine ihrer bewährten Mechanismen griffen mehr. Was in aller Welt lief bloß schief? Mit dieser Frage zermarterte sie ihr Hirn und keine Antwort darauf zu finden, machte Anna verrückt. So verrückt, dass sie schließlich zusammenbrach und in eine psychatrische Klinik eingewiesen wurde.

Am Tag der Aufnahme hatte sie, nachdem die Formalitäten erledigt waren, den Rest des Tages für sich. Anna beschloss, auf ihrem Zimmer zu bleiben. Da saß sie nun. Die Tränen liefen ihr die Wangen herunter, angesichts des Scherbenhaufens, der ihr Leben war. Stundenlang starrte sie durch das Fenster. Aber die stille Schönheit der idyllischen Berglandschaft konnte ihr Herz nicht erreichen. Erst spät am Abend weinte sie sich leise in den Schlaf.

Die Tage in der Klinik verliefen zunächst ruhig. Zu ruhig für Annas Geschmack. Therapien waren keine angesetzt. Sie solle erst einmal langsam ankommen, hieß es. Ankommen? Und dann auch noch langsam? Das hatte Anna sich wirklich anders vorgestellt. Sie war von täglichen Sitzungen, Gesprächen und einer zügigen Aufarbeitung ihrer doch offensichtlich massiven Probleme ausgegangen. Alles sollte schnell gehen, damit sie wieder in ihr altes Leben zurück konnte. Doch nichts dergleichen geschah. Stattdessen wurde ihr geraten, viel spazierenzugehen oder intensiv eine Blume zu betrachten. Gut, sie war etwas verrückt, das hatte sie ja inzwischen schriftlich. Aber so verrückt zu glauben, dass die Betrachtung einer Blume ihr helfen könne, ihre Probleme zu lösen? Anna hegte starke Zweifel, ob sie hier am richtigen Ort war. Was sollte sie bloß mit der vielen Zeit machen? Das Puzzle mit den 1000 Teilen war schnell gemacht, denn darin war Anna richtig gut. Und dauernd den Küchendienst zu übernehmen, war auch keine wirkliche Lösung.
Also fügte Anna sich und ging spazieren. Obwohl – spazieren gehen

konnte man dieses Sich-vorwärts-Schleppen nun wirklich nicht nennen. Bei jedem Schritt schmerzte ihr ganzer Körper und sie war gezwungen, sehr langsam zu gehen. Schon wieder langsam! Langsam ging ihr dieses Langsamsein auf die sowieso schon blank liegenden Nerven. Sie weinte. Aber dieses Mal nicht vor Schmerzen, sondern vor Wut. Vor Wut darüber, dass nichts mehr funktionierte, wie sie es gewohnt war. SIE funktionierte nicht mehr, wie sie es gewohnt war. Diese niederschmetternde Erkenntnis fühlte sich grauenvoll an. Und es wurde noch schlimmer. Ihr Körper und ihr Geist führten inzwischen ein Eigenleben. Schmerzen, Tränen, Panik- und Angstattacken kamen und gingen, wie es ihnen beliebte. Anfangs kämpfte Anna noch dagegen an, wehrte sich mit der ganzen noch verbliebenen Kraft. Aber es half nichts. Sie war gefangen in ihrem Gedankenkarussell und ihrem eigenen Körper, über den sie die Kontrolle verloren hatte. Es war schrecklich!

Was Anna ein bisschen aufmunterte, war ein zauberhafter junger Mann, Leon, den sie auf einem ihrer Sich-vorwärts-schleppen-Spaziergänge, kennenlernte. Es war sofort da, das Gefühl, sich schon ewig zu kennen. Sie sah dieses Leuchten aus seinen Augen und ihr Herz sprang förmlich auf und platzte ihr fast aus der Brust. So etwas Intensives hatte sie schon lange nicht mehr gespürt, wenn überhaupt jemals. Und auch für ihn schien es sehr schön zu sein, Anna zu treffen und Zeit mit ihr zu verbringen. Bei einem Spaziergang früh am Morgen, beugte sich Leon hinunter und pflückte zwei Gänseblümchen von der Wiese. Eines davon gab er Anna und das andere steckte er sich in den Mund. Anna musste lachen und machte es ihm nach. Von da an gab es für Anna täglich Gänseblümchen zum Frühstück. Sie konnte nicht ahnen, wie sehr diese Begegnung ihr Leben verändern würde.

Drei Wochen waren inzwischen vergangen und Annas Zustand war immer noch eine Gratwanderung. Zwar zeigten die Ruhe und die Beschaulichkeit der Umgebung Wirkung und es gab Tage, an denen die Anfälle und Schmerzen fast ausblieben. Aber nur um Anna kurze Zeit später wieder in ein Loch fallen zu lassen. Und so kam es, das Anna einen Tag erlebte, der es in sich hatte. Sie war wieder für den Mittagsküchendienst eingeteilt, doch der zweite Helfer erschien nicht, wie es eigentlich seine Aufgabe gewesen wäre. Es sah so aus, als hätte er es vergessen und Anna musste alles alleine machen: Tische eindecken, Schalen vorwärmen, Salat anmachen, Wasser bereitstellen und was sonst noch

alles anfiel. Schon bei dem Gedanken daran, allein die Verantwortung dafür zu tragen, dass alles pünktlich fertig wurde, klopfte ihr Herz schneller. Sie versuchte, ihre Unruhe zu ignorieren und begann, den Tisch zu decken. Akurat stellte sie die Gläser und Teller an ihren Platz und legte das Besteck so dazu, dass es ein harmonisches Arrangement ergab. Sie liebte es, wenn die Dinge ordentlich und schön waren.

Während sie in dieser Aufgabe vertieft war, stiegen Erinnerungen in ihr hoch. Szenen von früher, wo sie oft unter Zeitdruck vieles alleine machen musste, weil eine Zusage nicht eingehalten wurde oder versprochene Unterstützung ausgeblieben war. Meist auch noch von nahestehenden Personen, denen sie nicht einmal böse sein durfte, weil sie von deren Zuneigung und Wohlwollen abhängig war. Zumindest war das damals ihre Überzeugung gewesen. Sie war es also gewohnt, sich zusammenzureißen und eine Sache durchzuziehen, egal wie es ihr dabei ging. In der Vergangenheit hatte das auch funktioniert, doch das Heute sah anders aus. Ganz plötzlich, ohne Vorwarnung, wurde aus dem Herzklopfen ein Herzrasen. Anna geriet schlagartig in Panik und brach hysterisch weinend zusammen. Die Welt schien über ihr zusammenzubrechen und eine Welle von Schmerz und Todesangst überrollte sie. Unfähig, sich zu beruhigen oder zu bewegen, lag sie da und wartete auf ihr sicheres Ende. Doch so schnell kam das Ende nicht. Dafür war eine Minute später die Stationsschwester da. Sie war die Ruhe selbst und überprüfte sorgfältig Annas Zustand. Schnell war klar, dass es nichts Lebensbedrohliches war und dass das Ende noch warten musste. Anna wurde stabilisiert. Dann half ihr die Schwester aufzustehen und gemeinsam gingen sie auf Annas Zimmer. Dort legte Anna sich aufs Bett, denn sie hyperventilierte und war kurz davor, wegzutreten.

Die Schwester entpuppte sich als wahrer Engel. Achtsam legte sie ihre Hand auf Annas Bauch und bat sie, tief und langsam dort hineinzuatmen. Nach einer Zeit fragte sie Anna, ob es außerdem eine Stelle an ihrem Körper gäbe, die sich gut anfühle und ob sie mit der Aufmerksamkeit auch dorthin gehen könne. Anna spürte, dass ihr die Ruhe und Kraft der Schwester half. Das Hyperventilieren hatte aufgehört und nach und nach konnte sie sich auf die Worte der Schwester einlassen. Zum ersten Mal in ihrem Leben begann Anna, ganz vorsichtig, im Geiste ihren Körper zu durchwandern. Nach einer Stelle suchend, die sich gut anfühlte. Dabei immer noch ängstlich, dass es wieder

schlimmer werden könnte. Doch das Atmen blieb ruhig. Anna fand keine Stelle. Ihr Körper schien wie taub und sie kehrte zu ihrem Bauch zurück. Dort, wo die tröstenden Hände der Schwester lagen. In diesem Moment des Gewahrsams, dass der Bauch die einzige Stelle war, die sich gut anfühlte, brach erneut eine Woge seelischen Schmerzes aus Maggie heraus. Sie weinte herzzerreißend. Wie lange war das her, dass jemand sie so achtsam und schützend gehalten hatte? Dass sie so liebevoll berührt worden war, ohne dass jemand etwas von ihr wollte? Dass jemand ganz für sie da war, mit aller Zeit und Liebe, die jetzt gerade nötig waren. Anna konnte sich nicht erinnern und der Schmerz darüber überkam sie erneut.

Über eine halbe Stunde ging der Prozess, bis Anna sich schließlich einigermaßen beruhigt hatte. Die Schwester zog sich zurück, damit Anna sich ausruhen konnte. Völlig ermattet lag sie in ihrem Bett. Gleichzeitig hatte sich ein seltsamer, innerer Frieden in ihr ausgebreitet. Es war, als hätte das Überleben dieses kompletten Kontrollverlustes die Türe zu einer inneren Welt geöffnet. Fragen prasselten auf sie ein: Was war das? Woher kam die Todesangst? Was war der Auslöser? Und vor allem: Was war das für ein Gefühl, mit den Händen auf dem Bauch? War das etwa Liebe?

Anna versuchte sich daran zu erinnern, wie es in ihrer Kindheit gewesen war. Aber so sehr sie sich auch bemühte, sie konnte keine Situation abrufen, in der sie sich von ihren Eltern jemals so behütet und geliebt gefühlt hatte wie noch vor einer halben Stunde von der Stationsschwester. Dabei liebte Anna ihre Eltern über alles. Sie waren wunderbare Eltern, die bedingungslos immer und in allen Situationen für sie da waren. Nur diese Form der Geborgenheit und körperlichen Zuwendung hatten sie ihrer Tochter nicht geben können.

Anna war darüber nicht böse, denn sie wusste, dass ihre Eltern nur das weitergeben konnten, was sie selbst erfahren hatten. Aber dennoch, es schmerzte sehr. Anna realisierte, dass sie sich einfach nie wirklich geliebt gefühlt hatte und demzufolge auch nie gelernt hatte, sich selbst liebenswert zu finden. Diese Selbstliebe, jenes große und viel strapazierte Wort! Anna hatte nicht die leiseste Ahnung, was es konkret bedeutete. Wie es sich anfühlte und wie das ging, sich selbst zu lieben. Zu diesem Zeitpunkt ahnte sie noch nichts von dem Brief der Mutter, der an sie unterwegs war. Es sollte einer der schönsten Briefe ihres Lebens werden.

Eine große Traurigkeit überkam sie. Wie achtlos und grob sie doch zeit ihres Lebens mit sich und ihrem Körper umgegangen war! Grenzen setzen kannte sie nicht, weder anderen gegenüber noch sich selbst. Jahrzehntelang hatte der Körper alles mitgemacht. Abgesehen von den vielen Krankheiten, die im Laufe der Jahre chronisch geworden waren. Aber Anna hatte sich daran gewöhnt, einen kränklichen Körper zu haben. Sie hielt das für den Normalzustand. Sie hasste es, so empfindlich zu sein und ignorierte demzufolge alle Schreie ihrer Seele, die sich durch die Krankheiten bemerkbar zu machen versuchten.

Die Tage in der Klinik strichen vorüber. Anna hatte völlig das Gefühl für die Zeit vergessen. Auch die vermeintlich wichtigen Dingen, die sie noch alle hatte tun wollen, waren vom inneren Bildschirm verschwunden. Tag für Tag kam Anna mehr in die Stille und damit mehr zu sich selbst. Selbst Langsamkeit begann, eine neue Bedeutung für sie zu bekommen. Wie entsetzlich schnell sie durchs Leben gelaufen, ja geradezu gerannt war! Wo wollte sie denn so schnell hin? Oder lief sie vor etwas weg? Anna ahnte, dass sie ein großes Fass aufgemacht hatte.

Sie verstand plötzlich, dass es keine schnelle Lösung für ihre Probleme gab. Mehr noch, dass es gar keine Probleme waren, sondern eine unglaublich große Chance, endlich die zu werden, die sie sein sollte. Sie spürte instinktiv: Wenn sie diesen Weg weiter beschreiten würde, wäre sie am Ende nicht mehr die Person, die noch vor ein paar Wochen über die Türschwelle der Klinik gekrochen war. Wollte sie das? Alles hinter sich lassen, was sie ausgemacht hatte? Alles infrage stellen, neu definieren, sich verletzbar zeigen, keine Antworten haben, keinen Plan, keine Kontrolle? Sie war an einem Scheideweg angekommen, soviel stand fest. Und je mehr sie sich mit dem Thema beschäftigte, desto mehr Gefallen fand sie an dieser Art der Transformation. Denn das war es, unmissverständlich: eine Transformation. Sie wusste nicht, was auf sie zukommen würde. Aber sie spürte tief in ihrem Inneren, dass ihre Seele diesen Weg gehen wollte und dass das Universum dieses Wachstum unterstützte. Der innere Frieden, der trotz des immer noch sehr anstrengendes Prozesses in ihr war, machte sie so sicher. Anna entschied sich, diesen Weg weiterzugehen.

Vorschau: Die ganze Geschichte von Anna erscheint im Handel unter dem Titel „Gänseblümchen zum Frühstück".

Die Perle

In der Mitte bist du.
Zu dir ist kein Weg zu lang.

(Labyrinth im Kölner Dom)

Finde den Weg zu deiner Mitte.

Ein Leben in Fülle

Danken!

Bedanke dich jeden Abend vor dem Schlafengehen für die vielen schönen Dinge an diesem Tag. Seien es stille Momente, nette Worte, eine gute Idee oder ein gutes Essen, für den Sonnenaufgang oder einfach dafür, ein Dach über dem Kopf zu haben.

> *Die Dinge haben nur den Wert, den man ihnen verleiht.*
> Jean Baptiste Moliere

Segnen!

Jedesmal, wenn du Rechnungen oder Steuern bezahlst, segne diese Ausgaben. Es ist ein Ausdruck von Wertschätzung für die Dinge, die du bereits erhalten hast.

Prüfen!

Wie denkst du über Geld? Sind es deine eigenen Überzeugungen? Sind sie dir dienlich? Wenn nicht, ersetze sie und schaffe Raum für Fülle und Freude in deinem Leben!

Geld-Gedanken

Bist du in Resonanz mit Fülle in deinem Leben oder lehnst du sie insgeheim ab? Ergänze folgende Sätze so spontan wie möglich Deine Antworten zeigen dir deine innere Wahrheit.

Viel Geld macht . . . .

Wenn ich reich bin, denken die anderen . . . .

Geld ist ein Gradmesser für . . . .

Der wahre Grund für Geldmangel ist . . . .

Wenn man erfolgreich sein will, muss man . . . .

Meine größte Angst in Bezug auf Geld ist, ...

Mit Fingerspitzengefühl

Das Kubera-Mudra

HennaArt von Linday Mey. Berlin

Ein Mudra ist eine symbolische Hand-geste, die aus dem indischen Sanskrit stammt. Das Wort Mudra bedeutet „Das, was Freude bringt".
Das Kubera-Mudra ist der inneren wie äußeren Fülle gewidmet. Es fördert die Zufriedenheit, bringt Frische, Vertrau-en und neue Zuversicht in dein Leben. Nimm die Fingerhaltung ein, die du auf dem Bild siehst. Bleibe einige Minuten mit deiner Aufmerksamkeit in der Ener-gie von Fülle und Dankbarkeit. Wende das Mudra täglich an, wenn du ein be-stimmtes Ziel erreichen möchtest.

Wer will, findet Wege.
Wer nicht will, findet Gründe.
Sprichwort

Ritual der Fülle

Wenn du dir mehr Fülle in deinem Leben wünschst, ist es essentiell, dir darüber im Klaren zu sein, WAS genau Fülle für dich bedeutet und WARUM du sie möchtest. Es ist wie im Restaurant: Du bekommst, was du bestellst. Schreibe einen Brief an einen imaginären Freund und zwar aus der Zukunft! Erzähle ihm, wie und warum sich plötzlich Fülle in deinem Leben manifestiert hat und wie dein Leben JETZT aussieht.

Brief der Fülle

Folge niemals anderen Zielen als denen, die dir gehören.

Ich (k)leb mein Leben ...

... wie es mir gefällt!

Diese Seiten sind ganz für dich.
Beklebe, bemale, beschrifte sie mit allem, was die Vision
von deiner persönlichen Fülle ausdrückt und stärkt.

Gehe in die Stille und frage dich bei jedem Wunsch nach Veränderung:
Ist es wirklich MEIN INNERSTER HERZENSWUNSCH?
Oder ist dieser Wunsch geprägt von der Hoffnung, dass ich mehr geliebt
und akzeptiert werde, wenn ich die Erwartungen und Konzepte
der Eltern, Lehrer, Freunde, der Gesellschaft erfülle?
Wünsche und Visionen sind mächtige Triebfedern. Die Vision selbst wird
dich allerdings nicht glücklich machen, wenn du darüber vergisst, dass
das Leben immer im Hier und Jetzt stattfindet. Bleibe daher stets im
gegenwärtigen Augenblick, mit allem was ist. Mit allen Gedanken und
Gefühlen, auch den unangenehmen. Dann kann deine Vision für
dein Leben ein Feuerwerk an Freiheit, Freude und Liebe sein.

Der Phoenix

Lebe deine Visionen!

Wir alle tragen diese besondere, schöpferische Kraft in uns,
unsere Visionen Wirklichkeit werden zu lassen. Dazu ist es
wichtig, eine IST-Bestandsaufnahme zu machen. Blicke dazu tief
und ehrlich in dich hinein. Das braucht Zeit und Ruhe. Doch
nur so findest du heraus, wer du wirklich bist, jenseits der
Konditionierung durch Eltern, Schule oder der Gesellschaft.
Blicke allen deinen Überzeugugen, Ängsten, Sehnsüchten, Stärken
und Schwächen, Fantasien und Träumen ins Gesicht. Definiere in
allen Lebensbereichen, was du wirklich willst und warum!

Und hier noch ein Geheimnis für dich. Während du dir dein Ziel
vor dein inneres Auge führst, frage dich:

Wie kann es sein, dass ich dieses Ziel so leicht erreiche?

Die Antworten werden dich erstaunen!
Gib deiner inneren Stimme Raum, verbinde sie mit Herz und
Verstand und du wirst deine Visionen leben! Wie Phönix wirst
du aus der Asche steigen und deinen Traum leben!

Male den Phönix in bunten, lebensfrohen Farben aus.
Meditiere dabei über deine Visionen und wie es sich anfühlt,
wenn du sie lebst. Du kannst die Seite aus dem Buch trennen
oder den Phönix ausschneiden. Platziere ihn an eine Stelle,
die du täglich siehst. So kannst du dich immer wieder mit
deinen Visionen verbinden und darin bestärken.

Affirmationen

Je regelmäßiger du dir deine ausgewählte Affirmation bewusst machst, desto schneller kann sie wirken. Am intensivsten ist es, wenn du dich im Spiegel betrachtest, während du die Worte laut ausprichst.

Ich werde geliebt.

Ich liebe und ehre mich aus ganzem Herzen.

Ich liebe das Leben und das Leben liebt mich.

Ich erfreue mich vollkommener Gesundheit.

Ich ruhe in mir.

Ich darf ich sein.

Ich bin ich und ich bin gut.

Ich bin mir meiner selbst bewusst.

Ich vertraue meiner Intuition.

Ich bin geführt und gehe voller Vertrauen durchs Leben.

Ich bin geduldig und achtsam mit mir selbst.

Danke, dass sich vieles von alleine erledigt.

Danke, dass ich so reich beschenkt bin.

Danke, dass es das Leben so gut mit mir meint.

Danke, dass ich Vielfalt erleben darf.

Danke, dass ich mich in meinem Körper wohlfühle.

Danke für den wunderbaren Partner an meiner Seite.

Danke. dass sich meine Visionen erfüllen.

Danke für die vielen kostbaren Momente in meinem Leben.

Jeden Tag geschieht ein kleines Wunder.

Mein Leben wird von Tag zu Tag leichter.

Alles geschieht zur rechten Zeit.

Fülle und Wohlstand sind in meinem Leben.

Meine Arbeit erfährt ehrliche Wertschätzung

Mein Leben ist im Gleichgewicht.

Mein Körper und ich sind in Harmonie.

Jede Zelle in meinem Körper ist glücklich.

Die Welt meint es gut mit mir.

Es ist großartig, wie ich mein Potential erkennen und nutzen kann.

Gute Laune, Mut und Vertrauen sind meine besten Freunde.

Möge ich friedvoll und glücklich sein.

Möge ich lernen, mir selbst zu vergeben.

Möge ich erkennen, wie ich an jedem Tag etwas Glück finden kann.

Die Freude ist der Weg!
Alles was keine Freude macht,
ist nicht der richtige Weg.

Joy-Seelenkärtchen

Nutze die kleinen Seelenkärtchen als liebevollen Gruß an dich selbst. Oder schenke sie ganz spontan einem fremden Menschen auf der Straße. So kannst du ganz einfach Freude in die Welt bringen!

Es gibt keine Wege
zum Glücklichsein.
Glücklichsein ist der Weg.
(Buddha)

Ich begegne mir
voller Mitgefühl, Geduld
und Achtsamkeit.

Jeden Tag entdecke
ich den Samen von Freude
in mir und nähre ihn.

Es gibt keine verpassten
Gelegenheiten.
Alles geschieht zum genau
richtigen Zeitpunkt.

Ich bin so was
von okay!

Einatmen.
Ausatmen.
Besser.

Ich komme meiner
VISION
jeden Tag ein
Stückchen näher.

Einfach nur
LIEBE

Trenne die Seite ab und schneide die Kärtchen entlang der Linien aus.

Die VisionBook-Themenbuchreihe wird fortgeführt. Hast du Kritik, Anregungen oder ein Thema, das dir besonders am Herzen liegt? Dann schreib gerne eine Email an: mail@seinswelten.info

Außerdem im LebensGut-Verlag erschienen:

Dieses Buch möchte eine natürliche, selbstverständliche Sichtweise auf die sonst den Blicken verborgenen weiblichen Genitalien, im Sanskrit „Yoni" genannt, ermöglichen. Mit Hilfe von Fotografien, Fotomontagen sowie künstlerischer Einbeziehung von Naturbildern und Malerei, zeigt „DAS TOR INS LEBEN" die Schönheit, Vielfältigkeit und Einzigartigkeit der Yoni, ohne pornografischen oder medizinischen Ansatz.

Das Tor ins Leben - Hardcover, von Grit Scholz
Bildband, groß (25 x 25 cm), 252 Seiten
ISBN 978-3-9811805-0-3
39,50 Euro

Das Tor ins Leben - Softcover, von Grit Scholz
Minibildband (12,5 x 12,5 cm), 152 Seiten
ISBN 978-3-9811805-1-0
16,50 Euro

Unter www.lebensgut-verlag.de findest du noch weitere, wundervolle Bücher zum Thema Weiblichkeit und FrauSein.

Lösung von Seite 24:

E	M	R	G	N	X	O	S	B	S	W	I
E	I	G	E	N	L	I	E	B	E	S	T
R	L	E	D	B	K	U	Z	Z	L	F	C
V	I	L	E	N	L	I	R	B	B	S	T
I	Q	A	J	E	I	E	H	W	S	D	M
E	P	S	E	I	H	I	M	U	T	S	E
L	L	S	U	G	G	R	E	E	V	L	B
F	X	E	E	E	Y	B	D	A	E	L	H
A	H	N	G	N	Z	U	D	E	R	J	Z
L	I	H	M	A	E	I	S	B	T	A	N
T	E	E	R	R	P	K	M	E	R	T	R
L	B	I	F	T	R	U	F	B	A	G	Q
M	O	T	Z	G	G	T	E	F	U	A	E
R	T	V	B	N	A	P	H	S	E	K	U
E	A	B	G	R	E	N	Z	U	N	G	T

*Die Zukunft gehört denen, die an
die Wahrhaftigkeit ihrer Träume glauben.*
(Eleanor Roosevelt)